숨어서 시를 쓰던 여자

숨어서 시를 쓰던 여자

이향순 시집

인쇄일 | 2024년 08월 12일
발행일 | 2024년 08월 15일

지은이 | 이향순
편낸이 | 김영빈
편낸곳 | 도서출판 시아북(詩芽Book)
출판등록 | 2018년 3월 30일
주소 | 대전광역시 동구 선화로214번길 21(3F)
전화 | (042) 477-8885, 254-9966
팩스 | (042) 367-2915
E-mail | siab9966@daum.net

값 12,000원
ISBN 979-11-91108-89-7(03810)

시아현대시선 012

숨어서 시를 쓰던 여자

이향순 시집

Poems by Lee Hyangsun

어느날 속삭이며 말했던

그 한마디까지도 기억하셨습니다.

한 없이 사랑스러운 눈빛으로 웃습니다.

많은 날들 그 분을 바라보며

시아북
詩芽BOOK

시인의 말

이해되지 않는 새로운 날이 다가와
신비롭고 몽롱한 길을 열어주었다

꿈에 꿈을 더한 집에는
날아가며 노래하는 새
각기 다른 매력을 보여주는 꽃
살랑살랑 춤추는 바람 속에서
반갑지 않은 잡초를 열심히 뽑아낸다

보육원 아이들을 만나는 부담은
끝없는 노력이 필요했고
호스피스 봉사 현장이 삶을 성숙시켜
막연한 꿈이 이루어지는 길이 열려
선물같은 오늘이 있나보다

나의 시간 중 몸은 힘들었지만
마음이 신의 곁에 있는듯 편안했던 감정
봉사하던 그때 살아있다는 느낌이었는데
요즘은 호기심 많은 아이되어
오늘을 텀벙텀벙 즐기며 여전히 수수께끼 같은
노을 속에서 꿈꾸는 철부지다

남들이 하기 싫어하는 일을 하는
낮은 곳에서 묵묵히 걸어가는 사람들을
존경하는 마음으로 망설이다
한점 구름같은 글을 용기내어 내려놓는다

2024년 7월

이향순

1부

잠시만요

2부

어느 날

2부

어느 날

3부

아직은

4부

머물다 가도 좋을 정원

4부

머물다 가도 좋을 정원

<평설>

말하고 먹고 걸을 수 있는 외줄에
같이 있다는 거
잠시 머물다 가는 길
마음 녹아 내리는 눈물 남기지 않으리
하늘도 땅도 바람같은 꿈도
훨 훨 훨

1부

잠시만요

잠시만요

그러니까
나만의 느낌으로 말하는 거예요
목마른 간절함 애틋한 미안함
기품있게 간직하고 싶은 순간들
바람이 그려놓은 선율위에
꽃피고 단풍 들 때
말하고 먹고 걸을 수 있는 외줄에
같이 있다는 거
잠시 머물다 가는 길
마음 녹아 내리는 눈물 남기지 않으리
하늘도 땅도 바람같은 꿈도
훨 훨 훨

나에게 시란

아무도 모르게
피어나는 꽃의 신비
상쾌하게 불어오는 산 바람이다가
환하게 보이다 사라지는 낱말
닿을거 같아
까치발을 해도 잡히지 않는
그리움의 높이이기도 하다
보고 있어도 보이지 않는 참담함
그럼에도
부끄러움 물들인 마음으로
파르르 떨리는 속삭임에
목마름을 채우기 위해 시를 짓는다

달빛 품은 항아리

의연한 소나무 곁에
할머니의 손때 묻은 고품
몇 세대를 거쳐 내게로 왔습니다

짜디짠 눈물 섞어 까만 간장 되었고
단비 품었을 구름 쉬어가던 품속에
하얀 달빛 가득담아 깊어진 정담은
하늘 닮은 물빛 마음 되어갑니다

제 할일 다하고 비워진 항아리 하나
햇살 가득한 뜨락에서
정갈하게 단장하고 꿈을 따고 있습니다

그대여

어둠이 밀려가는 동녘하늘
같이 보고 싶소
마음 줄 당겨 소소한 기쁨
나누고 싶다오

이유없이 좋아지는 생각이 꽃을 피우고
흐르는 물소리가 구름을 춤추게 하나보오

폭풍치던 요란함도 그저 지나는 바람이었구려
순간 순간의 삶은 벽화로 각인 되었어도
한결같이 사랑하는 마음 흔들리지 않을 것이요

능소화

깊이 빠져드는 시선 돌려
불편한 진실을 지나 허공으로 한발
혼돈의 어둠 뚫어 새로운 끝을 열고
보였을까
두려움 지나 머뭇머뭇 다가섬을
누구시기에
그 넓은 품 내어주어 오르게 하시나요

동녘 빛 흠뻑 본질의 색 담아 놓고
비상하던 찰라 그 절정 느꼈을까?

여기는 태양의 미소가 머무는 곳
닮아보고 싶어 바라보면
깊은 호흡으로 살며시 세워주고
쓰러지는 나를 위해 참아주던 널 위해 땅심 받는다

바람의 비밀통로 허공에 꿈을 매달고
고뇌하던 끝자락 흩어지는 소멸이 황홀한 순간에도
오르고 오르며 피어나네 어여쁜 사랑이여

상사화

나락에 떨어져 갈증에 시달려도
죽은듯 숨어 남겨진 흔적
포기하지 않았으니 죽음이라 하지 말라

기다린다는
기다려 달라던
바람이 전하던 수만갈래의 사연
무수한 억측을 잠잠히 밀어냈을 뿐

늘 한몸이었기에
이별이 더 힘든 인연의 끈
부둥켜 안고 이룬 사랑 알알이
숨 가쁘게 피어나 햇살 앞에 일어섰다는

눈길 머무는

알싸한 사랑
나의 꽃이여
눈길 마주치지 못해도
혈관으로 흐르는 숨결
온 세상 물들여
향기 매혹적입니다

고백하지 않아도
다 읽었습니다
심장소리에
홍조가 되어버린 미소
나비되어 날아 오릅니다

일탈

가끔
내가 누구였는지
잊고 싶을 때가 있다

일탈을 통해
낯선 곳에서 낯선 마음으로
나를 바라보는 시선이 되고싶다

어디로 가고 있는지
잠시 생각속에 머물면
넘어지고 깨어지며 걸어왔던 길
옹이진 아픈 사연 조차도
나를 일으켜 세우는 힘이다

광활한 우주 수많은 생명체
신비로운 빛으로 채워진 세상
흐르는 물줄기처럼 함께 사는 이곳
생명력 있는 향기로 채우고 싶다

삶이란

하늘의 별 훔치려다
영안이 열려 우주를 넘나든다
목마름은
허무 속에 갇힌 비명이어라

만족없는 공간 무너지는 가슴은 바람이 되어도
수많은 감격들 차곡히 접어 빗장지른 감사이다
어제를 벗고 오늘을 입으면
외로움에 젖은 심령 빛을 찾는다

묵시의 가르침
심연 깊은 만남
본향집 거기 있기에
벗은 몸이 되어도 부끄러움 없어라

그래도

깊은 숨으로 삭힌
생과 사의 경계
타인과 구별없는 여정이다

그래도
하늘빛 꿈을 품는다
흙이되고 물이 되어도
엎드려 배운 천상의 노래

한 줄
묘비로 세울 디딤돌이다

너는 어디에

보고 싶은데
좀 엉뚱한가 바람이 부르더라고
산 넘어 동네 구경가자고

근처만 오르려다 능선을 타고 있어
진달래 무리지어 반겨주고
산나물들이 꼬마 발레단 같아
둥글레는 옆으로 옆으로 군락을 이루고

중턱까지 오르다 보니 꼭대기 풍경이 궁금해
오르고 또 오르면 못오를리 없건만
제 아니 오르고 뫼만 높다 하더라 하던 옛 시조를 읊으며
벌벌 기어 올라와 보니 나무 끝에 이쁜 버섯들
구름을 잡아타고 신선처럼 앉아있다 너는 어디에

섬에서

바람이 잠자던 날
아름드리 소나무 숲에 이르니
눈앞에 펼쳐진 풍경
탄성조차 주저앉아 버렸네

하늘과 맞 닿은 곳
출렁거리며 쏟아지는 황금빛 물결
천상에서 내려 놓은
바다의 비밀이 거기 있었네

한밤중
살며시 부르는 바람을 따라
해안가 풀숲에 내려 앉으니
달님이 별을 품고
순 은빛 쪽배에서 나를 부르고 있다

제비꽃

양지쪽 길섶에
보랏빛 제비꽃은
하늘바라기 여인의 눈망울

가난한 언덕에서
외로울수록 짙게 물드는 사랑
고요한 숲에서 도란도란 흔들흔들

아름다운 날도 슬픔을 감추던 날에도
앙증스레 귀여운 하늘빛 춤사위
높은 사랑 품고 별을 닮아가는 너

여행

하루하루가
허물수 없는 벽이 되었다

숨을수 없는 공간
세월이라는 외줄을 탄다

갈망하는 몸부림에 부딪치는 잔해들
속사포처럼 스치는 일상은 닿을수 없는 신기루인가

미로를 헤메이다 정해진 끝도 모른체
뜨거운 떨림으로 그곳으로의 여행을 꿈꾼다

세월

목마른 갈증
하늘을 바라보다
비밀 통로를 찾았습니다

구름처럼 사라진 날들
꿈을 꾸던 시간이 나이테로 새겨져
어둠을 밀어내는 하늘의 사랑

조용조용 속삭이던 약속들은
내일을 세우기 위한 아침이 되고
마음에 뜨는 별이 되어 정답습니다

다시

낯선 길에는 두려움 뿐
멈추어버린 동작들이 삐걱거린다
물줄기 찾아 가슴 적시려 해도
닿지못한 손끝인데
길은 회오리 바람과 폭풍속에 있고
잃어버린 수많은 낮과 밤 적막이 흐르네

저린 가슴 밟아오는 허공에 뜬 걸음이 휘청거린다

거기 누구 없소
꽁꽁 얼어터진 등걸
껍데기 속에 새겨지는 나이테
그 말라버린 둥치에서 가닥가닥 엮이어 길을 열고
생명 실어 나르는 줄기 줄기들 깊은 곳에서 수액을 나르고

숨어서 시를 쓰던 여자

내일은 괜찮겠지
내년에는 좋아질거야
속아서 살아온 한 세월

알고는 건널수 없는 인생의 강
삶의 질고를 내려 놓고
공허 속 갈등으로 어그러져 지친 영혼
상황과 역경 속 삶의 의미를 찾아
몰래몰래 시를 쓰던 여자

비우고 씻어내는 연습을 하며
참 열심히 달려 보았지만
한정되어 있는 시간의 끝이 보인다
지나가는 시간에게 고맙다고 말해야지
힘겨운 수고 속에 삶의 애환이
깊이 녹아 있었다고 웃어 주어야지

아침에 보이던 맑고 고운 색채
얼룩지고 흐려졌어도 천연의 밑그림
맑은 노을빛으로 남기고 가고 싶다

회복

당신의 고요함 앞에서는
안개가 해를 만나듯
애절한 통한도 이슬처럼 스러지고
미움은 형체도 없이 스러집니다

통곡조차
너무도 미미한 일이기에
내려 놓기 부끄러워집니다
어쩌면 이런 과정이
성숙해지라는 단호함인지요

당신
그 끝없이 보여주신 진실은
나를 견디게 하시고
어깨를 끌어 올리셨기에
묵묵히 제 길을 다듬습니다

잠들기 전에

생각은 날아다니고
말들이 가시로 서 있다

들려오는 음성
혀는 칼이다

오늘
얼마나 휘둘렀나
무섭다

내 말을 내려놓고
존중의 마음을 담은
품격있는 입술이 되고 싶다

무릎꿇고 엎드렸다

조금씩 가슴으로 웃음이 들어왔다

삶의 창을 통해 사람들 외로움이 보이기 시작했다

그래서 문을 열고 밖을 보았다

2부

어느날

생각

목마른 갈증
하늘만 바라보다
나도 주는 사람 하고 싶었습니다
소곤소곤 속삭이던
슬기 있는 사연들
마음에 뜨는 별이 되어 정답습니다
구름되어 가버린 날들 돌아보면
가슴 저미는 아픔 나이테로 쌓였어도
캄캄한 슬픔 뒤에 아침이 있었습니다
품안 가득 담겨진 하늘빛 사랑
내일로 열릴 호수가 되어
깊이 알 수 없어도 아름답습니다

어느날

너무 외로워서
인생이 너무 아파서
가슴이 뻐근하도록 울었다

하늘에서
내 머리 뚜껑을 열고
맑은 물줄기를 쏟아 부었다
차고 넘치는 물에 불순물이 끝없이 흘러 나왔다

부끄러웠다
생각속에 담겨있던 욕심도 허영도
가증스러운 허물도 물과 함께 넘쳐 내렸다
끊임없이

무릎 꿇고 엎드렸다
조금씩 가슴으로 웃음이 들어왔다
삶의 창을 통해 사람들 외로움이 보이기 시작했다
그래서 문을 열고 밖을 보았다

갈증 채우는 날

능력 없어 부끄러운 마음 밀어내고
잠이 부족해 퉁퉁 부은 눈으로 기도하고
메마른 땅에 끝없이 기도하셨던 선교사님 생각하며
멀기만 했던 성우보육원 찾아가는 익숙한 길

웃어주고 잘한다고 예쁘다고 말해주고
슬픔과 기쁨은 같이 다니는 사이라고
아이들 마음에 생수 흐르기를 기도하며
가시는 뽑아내고 가슴속에 꽃밭을 가꾸자고

할 수 있는 일이 만나는 거 뿐일지라도
오래 얼굴보는 인내를 보여주고 싶었어
오래전 조선땅에 오셨던 선교사님 생각하며
훗날에 마음길 등불 켜고 있을거라고

보육원에 가면

눈빛 속 햇살 놀고 있어도
꽃잎은 슬픔에 젖어 있어
텅 빈 속내를 채워주고 싶었지

육체보다 더 자주 병드는 마음
가시는 뽑고 나무를 심고 싶었어
아는것도 없으면서 잘하지도 못하면서
백치같은 나는 별을 따게하고 싶었어

외로움이 요동치는 자리
삶은 누구나 혼자일 뿐이라고
어둠은 지나가는 거라고 아침이 온다고

굽이쳐 흐르는 유프라테스강 이르기까지
하나씩 하나씩 알곡 모으실거 알기에
어눌하지만 실속없어 나누고 싶어서
희망을 꿈꾸며 이십년 넘게 쓰던 편지

잠을 밀어내고 달렸지
창백해지는 두려움을 몰아내자고

품에서 떠나는 줄기 뿌리를 내리라고
준비하고 달려가던 그 자리에서
길을 찾은건 나였어 참 행복한 시간이었어

꿈나무들

소중한 시간 미리 비워두고
꿈꾸는 아이들 만나려고 어둠을 밀고 갑니다

시간 아껴가며 애쓰고 수고한 거 보다
가슴에 담아온 이쁜 마음들이 뿌듯합니다

바쁘고 힘겨운 세상살이에
뾰족하던 가시도 서걱대던 서릿발도
함박 웃어주던 아이들 덕에
세포마다 맑은 피 수혈 받은듯 행복합니다

고개 숙여
당신의 걸음걸음 생각합니다
신이 살아있다고 말할 수 있어 고맙습니다

편지를 받고

깊이 고개숙여 고맙습니다 하고 절을 했다
순간 아이고 바보 내가 어른이고 설교자인데
애들한테 또 이러고 있네

나에게 마음열어 적었을 마음 담겨 있기에
아이들 마음되어 말하려 노력했지요
정 붙일만 하면 오지않던 봉사자 되지 않으려고
인내하는 모습 몸으로 보여주고 싶었어요

당당하게 살아내려면 거저 얻는거 아니라고
남보다 더 노력해야 내것이 되는 삶 이라고
눈빛이 따듯해져서 고마웠는데 편지를 써 주다니

권사님에게
17살 애림이예요
어릴적부터 오셨는데
고등학교 졸업하면 여기 떠나야 해요
말씀과 교훈을 주실때마다
공감할 내용이었고 생활속에서 활용할 내용이 좋았어요
저도 다른 사람을 위해 기도하는 사람이 되겠어요

아이들

만나기 전에
많이 기도하고 묵상합니다
도움이 되기 바라며 늘 기대하고 준비합니다

누구나 세상 나들이에 사명을 받고 오는데
깨닫지 못하고 그냥 살다가면 안되기에

방향을 결정하는 이정표가 되라고
혀를 통해 말하는대로 이루어 진다고
친절하게 말을 하면 상상을 초월하는 힘이 있기에

여기는 특수 훈련소라고
노력 투자를 해서 나를 뛰어넘는 용사가 되자고
바라보시는 신이 있으니 어깨 올리고 멋지게 서 보자고

그녀는

하늘빛 옷을 입고 다가왔어요
기품있는 눈빛 설득력 있는 음성
긴 생머리에 미소가 편한 사람입니다
앙상한 가지에
초록 날개 달아놓고
질투의 촉을 녹여 넓은 길 열어주고
눈물 닦아주는 마법같은 매력에 푹 빠졌어요
맑고 밝은 내면의 세계
한번도 상처받지 않았을 거 같은 고요함
모방 못할 품격에는 투시안이 있는지
꽃등불 환하게 밝히는 경희는 하늘길을 열고 있지요

존귀한 그 여인

그분 곁에 있으면
환하게 밝아집니다

부드러운 미소는
닮고 싶은 표정이고

맑은 목소리는
영혼을 이끌어 주는 빛이 됩니다

망설임 없는 지극한 헌신은
나를 뛰어넘는 도전의 길을 열어주고

그 입술의 향기는
성숙의 길로 이끌어 내는
높으신 자의 뜻임을 압니다

호스피스 병동

병원 층마다
이별의 방이 있다
벽이 없는 시간의 공간

어둠과 고통이 있는
죽음의 방이 아니라
새로운 세계로 여행을 떠나는
무지개 구름다리가 있는 방이다

의식이 없다 말해도
귀에 대고 기도하면
나를 통해 흐르는 언어들을
천상의 소리로 들어주고

얼굴에 아주 편안한
미소를 남기고
생명이 이사가는 방이다

처음부터 빈 손

잘하지 못해서
그래서 미안하고 부끄럽지만
받은 사랑 고마워서 갚을 길이 없어서
오직 당신만이 이 마음 알아줄거 같아서
무작정 당신의 뒤를 따라 나섰습니다

수 많은 외로운 환우들
무엇을 도와줄 수 있을까요
사실 두렵습니다

들어주기만 해도 상처가 치유되기에
그 깊은 사랑 전하고 싶어 곁에 앉아있지요

기다려주지 않는 시간의 공간
삶의 끝 언제인지 알지 못해도

생의 끝자락에 쌓인 무거운 짐 내려놓고
편히 떠나길 바라는 마음으로 다독다독
새로운 세상 밝은빛 품고 길 찾으시라고

호스피스 봉사

마음 머물지 않은
석양의 외로움을 보면
저릿한 슬픔이 밀려와
흐려지는 눈길로 한 노인을 만나네

손길 머물지 않은 수염을 밀어내고
헝크러진 머리카락 더운물에 헹구어
얼굴 씻어 눕히니 고단한 숨 토해낸다

가물가물 흐려지는 의식 붙들어
힘겨운 눈짓으로 인사를 하고
서럽게 서럽게 흐느끼던 할아버지

사람이 그리워 삶이 서러워
봉사하는 나의 목을 부둥켜 안고
어머니 어머니 아내가 온듯하오
그리운 이름을 부르다 지쳐
깊은 잠의 나라로 외로이 떠나가시네

꽃가마

밭뙈기 넘겨준 값으로
꽃같은 열여섯 새색시 눈길을 건네

조부모 중풍 수발에 하얀 박꽃이 지고
시부모 서릿발에 가슴 베이던 세월 값
시동생 시누이 출가시켜 살점 떼어주고

달빛 등불삼아 손끝으로 모은 재산
자식들 상 차려주고나니
깨지고 금간 몸 땜질을 해 봐도 바삭바삭

썩어질 밑둥에 쌓아둔 논배미
갈갈이 찢기어 흩어지는 헛개비
가벼히 길 떠나고 있네 구름되려 가고 있네

젊은 남자

누이의 부탁으로 처음 만났을 때

치료 끝나면
인생의 꽃을 다시 피워 보겠다며
초기에 암이 발견 된것이 다행이라고

유창한 말솜씨로 세계를 넘나들며
치료 과정을 즐기며 자신만만 했었다

일년만에
초췌해진 모습으로 다시 입원한 환자
미국에서 전화하던 누이의 부탁도 외면한체
마음대로 먹고 흔들었다고
허허로운 웃음으로 돌아누워 떨고 있다

쌓인게 많은 가족
외눈으로 감정을 표출하고 차가운 바람 메친다
젊음을 허비하다 꺽이운 가지 하나
그렁그렁 맺힌 눈물 누이의 그림자로 흔들린다

친구야

너의 목소리를 들으면
내 몸에서 나비들이 춤을 추는거 같아
어쩌다 한번씩 속내를 드러내 놓으면
높은 하늘 곱게 물들어 가는 가을이 된다
맷돌같은 불평 보따리 풀어놓고
꽁꽁 얼었던 마음 녹여주던 친구야
부끄럽다는 생각 접어놓고 같이 길을 찾았지
손 잡고 훈풍 불어오는 봄을 맞았어
스치던 라일락 향기에 고마워하며
삶에 윤기 넣으려고 마음길을 오고갔어
뱃전에서 숲 마당에서 부르던 합창의 화음
차곡히 쌓여 생명수로 흐르고 있다

나의 벗이여

광야를 지나며 꿈조차 꿀 수 없었던 그때
구두 뒤축이 뭉개지게 뛰며 좋은거 나누고
함께했던 시간이 있었기에 개성도 닮아가며
푸르름 기대하며 흔들리지 않았었나 보다
녹록치 않았던 무게마저 그러냐고 그러냐고
그렁그렁 매달리던 눈물이 가슴을 촉촉히 적셔주어
무릎 꿇고 하늘을 올려다 보았어
느낌만으로 들을 수 있었던 세미한 감정
할 수 있다고 일으켜 세우던 응원
곰삭힌 날들이 접혀있어 방향을 찾았어
변화무쌍한 길에 커다란 고목이 푸르르다

친구가 있었기에

지나던 구름 내려와 쉬었다 가면
너와 함께했던 시간 속으로 들어가 본다
멀리 떨어져 있어도 늘 가까이 있는거 같아

음악회가 있다고 연극 보러 가자고
보폭을 맞추면서 걸었던 길
눈빛으로 통하던 무언의 약속들

나에게 친구가 있었기에
두려움 없이 차근차근 살아낼 수 있었어
용기 내라고 박수 쳐 주고
쑥스러움 밀어내게 손 잡아주고
손바닥 마주치면 부드러운 바람이 일어
못할거 하나없이 척척 해 냈었지

배울거 많아서 자랑스러웠어
겸손함이 무었인지 실천하는 친구
우리들의 젊음이고 우정이였어
네가 있어 세상이 넉넉하다 친구야

독감과 고독감과

하현달 가득차서 비워질 때
깊은 정적속 신열 가득한 멀미에
느물느물 혼돈의 시간
생의 밝은 빛과 죽음의 어둠
세상 떠나간 친구와 같은 공간에 잠시 머물렀다
생의 순환을 위한 절절한 내면과의 담소
독한 고독을 품고 손끝까지 무거운데
한줄의 시어가 보여지는 고요
톡
톡
그려보는 사색
생각이 벗어놓은 허물을 보며
새로운 길 제시하는 애틋한 시간
외로운 순간에도 성장을 하나보다

방향을 잃었다

컴컴한 동굴 속
불 밝혀 들어가는 장 내시경
민감하게 반응하지 않으면
순식간에 놓치는 방향
매복한 암세포 분홍벽에 착 달라붙어
어둠속에 기묘하고 음흉하게 웅크려 있다

어디로 가고 있었을까
마땅히 누릴 자유라고 이제야 등의 짐 벗었다고
더 더 채우려던 허영
널부러져 매달린체
포로가 되어버린 빈 껍데기

침묵의 시간이다
안개 짙을수록 팽팽한 긴장감이 흐른다
절박할 수록 평안하다 끝이 보이므로
주어진게 없다 했는데 많이도 누렸네
감격하며 살라고 아침을 주시나보다
눈을 뜨면 오늘이 있다는게 새롭네
남은 시간 잘 마무리 하라고 주어진 오늘이다

좌표를 잊지 말라고

암 진단을 받고
병상에 꼼짝없이 묶인체
질문하고 항변하며 긴 밤이었습니다

거칠었던 삶이 겨우 촉촉해졌는데
애써 찾은 보금자리에 불쑥 솟아난 벽
깊은 뜻 헤아리지 못하여 잠잠히 기다립니다

마취에서 깨어나니 장을 잘라 냈다고
의지로 움직이지 못하는 육체의 초라함
신이시여
담금질 하시나요 어찌 사용하시려구요
청년 아들에게 무거운 몸을 맡긴체
기약할 수 없는 생의 주인에게 묻습니다

보였습니다 꿈속에서 선명한 글이
특별하면서 소중한 여행이라기에
안주하려던 교만 꺾어내고
조용히 높은 뜻 바라보려구요
석양빛 사용할 시간 있을까요

특별하면서 소중한 여행 1

하늘빛 우아한 저녁
가득한 풍요를 누리던 날에
곱던 단풍 내려 앉는 모습 나 가는길 끝자락 같다

자식 많으면 뭐하냐
어매는 말한마디 나눌이 없어 죙일 심심허다
적막속에 갇혀 지내시다 가버린 엄마가 생각났다

장암 초기 수술 후 보호 받아야 할 나이라며
말리는 가족들 밀어내고 요양보호사 자격증을 얻었다
스스로 만든 신념으로 환경을 뛰어넘어
세상으로 허우적이며 들어갔다

맑은 가을 산이 내려오고
겨울산 변하여 나비 춤추며 꽃들이 말한다
놀라운 조언들어 옳은 방향으로 가고 있다고

새로운 일은 두려움이지만
절대 늙지않는 피터팬이 되어
목마른 자리에 물을 나르고 있다

특별하면서 소중한 여행 2

목마름이 있는 사막이다
영혼의 거울에 비추어 보면 헐벗은 삶의 자리
수심 가득하여 쉽게 무너지고 황폐하다
버리고 내려 놓아도 밀려드는 어두움
절망의 강 건너다 녹슨 육체 고장난 음반처럼 아이고
적막감에 묻혀 생을 점검하는 초라한 밤 바람이 시리다

생텍쥐페리의 생각처럼

사막은 죽음과 불모의 장소가 아니라
무한한 영감과 생명을 품고있는 곳이라고
선율타고 숨소리 들려오면 가슴뛰던 기억
삐걱이며 일어나 가는 길 삶을 세우기 위하여
약속맺은 인연들 맑은 물길을 열어주고 싶어서

특별하면서 소중한 여행 3

욕심도 사라지고 미움도 풀어지고 눈물도 떠나
눈 감으면 햇빛이 보내준 꽃잎 두 눈을 덮어 줍니다
찬비 맞고 견디던 껍데기 스치는 바람에 바스러지고
의미없이 어둠앞으로 줄 세워지는 육신의 체념이 서글퍼
지나간 일상 그리워 머물던 시선 나무 밑에 묻어 놓고
잠들면 내일 다시 만날지 가슴이 떨려 손 들고 나갑니다
내 삶의 방식 밀어두고 내려 앉아 발을 씻기고 발톱을 깍고
섬기며 살라시던 그 약속 지키려 조금남은 노을이 맑아지라고
멀고 깊은 곳에서 양식 나르던 나의 생각도 내려놓고
자주 무너지는 마음 일으켜 세워보려고 가시는 길 밝혀 보려고

특별하면서 소중한 여행 4

그냥 좋았던 일 고맙다고 말할걸
사랑은 말만해도 마음타고 길을 찾아갈텐데
늘 바삐 뛰었지요 그래야 하는 줄 알고
묻혀진 시간 메말라 가는 그리움도 외로워요

병실에 누워 있었던 일이 많이 생각났어요
할 수 있는 일 아무것도 없는 줄 알고
침묵해도 아실거라 생각했지요

누군가에게 위로가 되었으면

기도하다 찾아낸 부드러운 자신감이 나를 일으켜 세우고
휘적이며 찾아가는 생소한 사람
자신만의 세계에 갇혀 냉각된 얼음길 찾기가 힘겨워요

어제도 지우고 뒷걸음으로 들어가는 동굴
깊은 고독이 뿌리까지 흔들어도
세포에 근력 심으려고 꽃씨 뿌려요
머릿속 회로가 하나씩 빠져도 따듯한 감정은 흐르겠지요

특별하면서 소중한 여행 5

스쳐 지나는 봄 붙들어 앉히고
동그랗게 빚은 찹쌀떡에 지긋이 눌러 얹은
진달래꽃으로 마음을 나누었네

천층만층 심층 깊이 보랏빛 라일락 향기가
가슴이 따뜻해졌으면 다시 못 만날 인연
곰팡이 핀 음식을 먹고 몇푼 나오는거 저축하는 노인
꽃을 봐도 눈물난다는 메마른 죽음이 되지 않기를

세상에서 가장 얻기 어려운 일이
사람 마음 얻는 일이라 말한 생텍쥐페리의 글처럼
마음 편하시라고 독특함도 인정하고 묵묵히 걸어본다

여행이 끝나도 기억은 기쁨되어 피어나고
여전히 꽃들은 어여쁘고 사람이 향기롭기를
순백의 신부같은 벚꽃 화려하고
새색시같은 벚꽃은 붉으레 수줍은데
나의 웃음소리 숲속 산비둘기 사랑놀이 되어간다

3부

아직은

깊이 묻어 두었던

닭이 세번째 울때 일어나 토방에 불 밝혀놓고
컴컴한 부엌문을 열면 소스라치게 삐그더덕

온기 잃은 아궁이 재 키보다 큰 당그래로 고래 깊이 긁어
삼태기에 가득 담아 들고 대나무 숲을 지나
잿간으로 가는 뒷마당 길은 어찌나 멀고 무섭던지

우물에서 도르레가 바람에 달그락 거리며 흔들리면
귀신이 나올거 같아 발소리 죽여가며 어둠 넘치는 잿간에
쏟지도 못하고 입구에 슬그머니 밀어 놓고 뒷걸음으로 나올 때
시커먼 어둠이 돌돌 말아 빨아 들이는 것 같았다

서걱대는 대숲에 산다는 큰 도깨비와 눈이 마주칠까봐
오금이 저리고 발바닥이 땅에 붙어 질질 끌리는 소리에
미명에 떠나려던 귀신이 돌아오는거 같아
가슴이 오그라드는 그 섬짓함*

* 섬짓함 : 소름이 끼치도록 무시무시하고 끔직하다

그 생각이 녹아들어

엄마가 외할머니 만나러 가던 날
저녁 지으시던 아버지
쌀뜨물 진하게 받아 놓으셨다

생솔가지 매케한 연기 문틈 비집고 들어가도
동생들 방안에서 걱정없이 장난치고

배추김치 총각김치 쭉쭉 찢어 대접에 담고
보리밥 한그릇씩 소반에 올려 방안에 들인 후
부뚜막에 올라 앉아 쌀뜨물 부어가며 눈물 콧물
바가지 엉덩이로 골고루 휘저으며 현란한 손끝 춤추면
누르스름 걸죽한 숭늉 곰탕처럼 혀 밑에서 깨소금 맛이다

가난했어도 뱃속 뜨뜻하게 채워 주시던 그 시절
아버지 그늘막 초가 한칸에서도 넉넉했던 그 풍요

울어라 살기 위해

공부는 하고싶고 사정은 막막하여
봉숭아꽃이 퐁퐁 터지게 울었지

친구와 다투다
정다움 잃어버릴까 두려워서
말려줄 사람 보이기만 해도 흐르던 눈물
세월속에 묻혀 보석이 되었나보다

사는거 까마득하여 내면으로 흐르던 진액
목마른 그때 참 좋은 생수가 눈물이었더라
소설 같은 인생사 흐르다 흐르다 폭포가 되도록 울어라

홀로 서 있으면

어디쯤에서 시작 되었을까
안으로 타 들어가던 목마름
불쑥 나타나던 침묵의 그리움이
어둠의 끝을 숲으로 몰아간다

나무 한짐 동여 놓고
풋풋한 내음에 기대어 바라보던 내일

하늘에 떠돌던 구름이
수많은 이야기를 풀어주던 상상의 세계
타오르는 솔가루 향기에 취해
애달픈 꿈을 키우던 사라진 흔적을 본다

산다는 것은 온전히 나만의 것이 아니기에
인생에는 마침표가 없다

시작은 끝을 예고하고
끝에는 새로운 시작이 있기에
삶에는 신비로운 날개가 달려있다

아직은

수없이 부르고 부르던 엄마
거친 호흡 멀어지던 숨결 아쉬워 부르던 이름
목마른 갈증에 그리움마저 아련히 젖어들고

동살 들어와 어루만지듯 흔들어도
깊은 나락으로 내려가는 감정 천륜의 인연
내 혼의 탯줄이 끊어지나 보다

뭉개진 허물 속에 가시 되었던 투정도
파르르 떨리는 꽃으로 피워두고
삶의 흔적 붉은 노을속으로 스미고 있네

달맞이꽃

어머니
어찌할 수 없어
달맞이꽃으로 오시었나요

놓쳐버린 꿈
잠깐만이라도 이어 보고픈 애절함은
실을 뽑아 가두어 놓은 화석꽃이 되었어요

뜀박질 멈추고 하얀 마음 펼치면
갈증 풀어주러 오시는 님이시여
그리움이 뚝뚝 떨어지네요

자주색 코트

하고픈 말이 참 많은데
그때는 왜
섭섭한 마음만 가득했을까

작아진 어깨 꼭 안아 드릴걸
쪼글쪼글 속살도 주물러 보고
촉촉하게 로션도 문질러 드릴 것을

날들 겹겹이 쌓여
슬픔이 강을 건너가니
그 눈빛 하늘이었음을 이제야 느끼다니

자주색 코트를 입으면
할 말이 있어요
고마운 날 차곡차곡 접혀 푹신한 삶 이어진다고
아시지요 꽃바람 사연 알고 계신거죠

아버지의 상처

장남은 집을 지켜야 하니까
둘째는 장가 갔으니까
열 일곱에 강제 징용에 붙들려 갔다
동네 속사정 일러바치던 앞잡이도
잡아주지 못하던 부모도
너가 가라고 침묵하던 형들에게도 버림 받았다

막장에서 쌔까맣게 타 들어가던 그 고통
도망치다 잡혀와 맞아 죽어가던 그 비명소리
시레기 감자 곡식 썩은 냄새나던 그 멀건 죽조차 더 먹고 싶었다던 굶주림
병들면 버려지던 시체더미의 진저리

무거운 탄을 실어 가속도 붙은 탄차 피해 벽에 바짝 붙었지만
작은 몸 배가 터져 살 밖으로 흘러나온 창자
감시병 하던 말 이놈 쓸만한데 아깝게 죽어가네
웅성이는 소리에 달려온 이웃동네 아저씨
조선사람도 인간이다 이놈들아 아직 숨 쉬고 있어
탄 담던 그릇에 창자 담아 달려간 의무실

벽에 붙은 그림 보며 창자 씻어 정리하다 낄낄대는 소리 들었다한다

히로시마에 떨어진 원폭 숨죽이며 들었던 천왕의 항복
미쓰비시 산맥 벗어나 밀리고 밀려 배를 타고 고국에서
가진 돈으로 먹을 수 있었던 우뭇가사리 한 그릇
텅 비워진 창자에서 흘러 내려 직장에서 꾸물대더란다

듬성듬성 꿰멘 자국 여름에도 옷을 벗지 못하셨던 쓰디쓴 수치
포악을 잊으려 푸른빛 익모초 장독대 이슬받아 세월을 달래셨다

울 아버지

엄마 계실때는
티격태격 말다툼 하다가도
눈 밝았던 날 그리워하는 아내 곁에서
하늘의 형태 도란도란 이야기 하며
앞집 아줌마 뒤뚱뒤뚱 걷는 모습 손동작까지 전해 주고
건너동네 집 고친 모양새 아무개 아들 장가들어 제굽난 사연
들판 벼들의 속살 모습 돋아나는 풀들의 이름까지 말해주던
울 아버지

잠이 깨면 아버지 다리 주무르며
즈아브지 마늘씨 다듬어 두었으니 날 밝으믄 심읍시다
실하게 여물믄 딸들한테 팔아서 손주 집 사는데 보태줍시다
콩 깟드니 손톱 아프네 삭신 아플 때 먹는 약좀 주시구랴
귀한 아들 암병 들었다는 소식에 입원을 하고 집에서 처럼
이야기 하다
부시럭대며 떠든다는 원성에 집에 가자고 링거바늘 빼 버리고
서럽게 울다 떠난 아내가 안타까워 누워만 계시는 외로운
울 아버지
사위들이 방죽낚시 뚤낚시 붕어하고 견주기 하시라고
아버지 기력을 일으키려고 친정가는 외길이 서러워요

정말 가시나요

책임없이 누렸던 삶의 그림자
눈 멀어 그냥 넘어 갔는데
얼굴 다르듯 생각 다르게 앉을 수 있었던 자리
모퉁이 돌아설 그 때 다독이시던 든든함
아버지 하고 부르기만 해도 가득했는데
사소한 이야기에 마음을 보고
곁에 계셔서 넉넉하게 웃을 수 있었는데
하늘 필림에 담겨 있어 마음까지 같이 보게 되는 날
부끄러워 어쩌나
생의 짐 책임인듯 겨우겨우 찾아가던 집
미안해서 어쩌지요
벅차게 느껴지던 반가워 하시던 외로움
아버지가 계셔서 행복했는데
이번에는 정말 가시는 길인가요
긴 어둠 얼마나 외로우셨어요
따뜻한 체온이 식어 가는데
이제 마음 어디를 보나요
고생하셨어요 죄송해요 아버지 편히 가세요
또 다른 세상
그곳에선 사뿐사뿐 가뿐하게

요즘

존엄사에 관심이 있어요
그거
신이 보시기에 어떠하실지
그냥 아버지처럼 연명치료 말라고 서명 했지요
오전에 낚시하고 점심은 작은딸 집에서 드시고
오후에 누워 계시다 저녁에 떠난 우리 아버지

더 살아야 할 의미가 없다시며 쓸쓸히 웃으면서
다시는 살려내지 말라 하시던 그 외로운 눈빛
잘 해드리지 못했던 가증스러움이 부끄러워
가슴이 터지는 거 같아 울지도 못했는데
죄송하고 너무너무 서운하고 미칠거 같았는데
시간이 지난 후 짚어보니 정말 너무 멋지게 가셨어
그렇게 갔으면 나도

공출

일본놈들이 철길 놓은거는
우리 거 가져가려고 부역을 시켜 만들었지
농사지으면 벼 낱알까지 세어 계산하고 곡식을 다 가져갔어
먹어야 사니까 땅 파고 숨겨 놓아도
집 뒤져서 나오면 죽도록 맞고 좋은건 다 뺏겼지
나라가 힘이 없으니 꼼짝 못혔지

목화 농사지어 베 짜 놓으면 다 가져가고
우린 뭐 입고 사냐고 한마디 하면 일본으로 끌고 가서
험한 일 시키고 돌아오지 못한 사람이 허다 혀
좋은 것은 뭐든지 기차로 실어다 배로 가져가고
지들 나라에서 기름 짜고 콩깨묵을 가져다 배급줘서
그걸 먹고 살았어 안 죽을라고 먹기는 했지만 너무 싫었지
초근목피를 알어 살아 남은게 기적이지

국민핵교 댕길 때 일본 선상이 있었는디
집도 좋고 돈도 많았는디 산이고 땅이고
다 차지허고 살다가 미국헌티 져서 입은 옷만 입고
쫓겨갔지 그놈들 도망갈 때 미국 사람이
보따리 하나 못 들고 가게 그냥 몸만 쫓아냈지
맞아 죽지않고 보내준 거 고맙게 생각혀야 되지 일본놈들

이렇게 되는 거구나

지인들과 무덤덤하게 식사 하고 남편 차에 올랐다
한참을 달려 알 수 없는 시골 길가에 주차를 하고
허름한 건물 지하로 말없이 따라 가는데 휘청거렸다

한 무리의 사람들이 시문학 토론 강의를 진지하게 듣고있다
듣고 싶어 한켠 의자에 앉았더니 정회원만 수강하는 곳이라고
밀려 나오다 보니 남편이 어디 있는지 찾을 수 없다
주차한 곳으로 가면 만나겠지 하고 나왔는데
여기가 어디인지 살던 집 주소도 떠오르지 않는다

누군가 다가 오더니 일단 안으로 들어가자 한다
날은 저물고 헨드폰을 찾아봐도 없다
왜 여기 왔을까 남편은 어디 있지 내가 누군지 생각이 안 난다
빈 가방 들여다 봐도 날 찾지 않을 거 같은 느낌에 말려
들어가고
깊은 곳으로 떨어지는 아득함 공중에서 허우적이다 눈을 뜨니
내 방 커다란 돌침대 위 창문에 흔들리는 나뭇잎 달빛은
처연하고

가슴에 바람든 날

삶의 등짐이 버거운 날
솔잎 흔들던 바람소리 너무 그리워
산그늘 내려오는 숲으로 길을 열었다
햇빛 반사되어 자작나무 눈부신 날
솔바람 소리 잡아보려 산으로 숲으로
사각사각 샤라라락 사샤샤삭
들려주는 바람의 분분함*에 눈물이 났다

* 분분하다 : 소문 의견 따위가 갈피를 잡을 수 없다

많은 생각

속 비우고
말 아끼고

묵묵히
하늘을 보네

살아가기

무료하기도 하고 건강을 생각해서
게이트볼 치러 다닌다
볼대 잡는법 발 위치 어깨 힘 빼는법
공 쳐다보는 위치 중심 치는 법
조마조마 두근두근을 넘어 옳거니 됐네
쳐 보라고 잘하고 있다고 격려와 존중으로
긴장이 풀어지기 까지 시간이 투자 되었다

일원이 되기까지 선배들이 길을 터 놓고
마음 한켠 내어준 자리에 웃음꽃이 피었다
탁 맞히는 매력에 빠져 나올 수 없는 재미
격하지 않고 친구가 많아 걸음에 힘이 생겼다
시간의 줄을 함께 넘으며 마음을 나눈다는 의미
노을에 그림을 채우면 별빛 꿈이 포근해진다

게이트볼장에는

공격을 할것인가 방어를 할 순간인지
다음을 위한 매복을 할지
상대 팀 탐색하며 즐기는 운동
멀리보는 혜안이 있어야 승리가 보인다

공 치는 모습에 성격도 삶도 보여지고
여유를 가져야 편안해져 속 주름살도 풀어지고
생각은 달라도 협심을 해야 치는 재미가 있고
상대를 알고 나를 알아야 전략을 세운다

다 이겼다고 확신했는데 뒤집어지는 아쉬움
쟁쟁한 선수들 이기는 펄쩍 뛰는 재미도 있고
위협적인 공격 벗어나 고지에 올라서는 뿌듯함
생각을 가다듬고 적과 죽어야만 뒤집어지는 판새
자신을 다스리는 지혜가 분위기를 바꾼다

게이트볼장에는
파도를 타고 높은 산을 넘고
골짜기 지나온 사람들이 모여있다

그녀의 그림

파도가 넘실대면
목젖이 보이는 소리없는 비명
요동치는 파도에 거품을 밀어내도
하늘이 노랗게 변하는 어지럼증

울렁이는 삶을 조율해 가는 취미
붓끝으로 만들어 내는 화사한 꽃잎들
말하지 못한 외로움은 구름되어 날아가고

상황 그 넘어로 시선을 돌려
식지않을 감정 붓끝으로 씻어내는
아무튼 너무 행복해 보이는 자존감

표면 넘어 이면속에 두근거리는 삶
수없이 그려보는 막내의 화폭에서
가슴속 말들이 산수화로 펼쳐지고
우아한 나무에 깃드는 새가 되어 자유하다

생일

선물로 안경을 바꾸고 나니
미장원에서 밀어주던 솜털도 보이고
얼굴의 얼룩이 자세히 보인다
펄펄 끓는 솥 안처럼 요동치는 세월을 건너
나이국을 먹으며 감사함에 울컥했다

무엇을 품고 살아 왔는가
삶의 흔적이 흔들린다
꿈이 길을 열었을까
수고의 날들이 별이 되었을까
혼미한 걸음마다
고마운 사람들의 따듯한 미소가 서려있다
삶이라는 본질은 밝은 빛을 바라보는 거
이 봄에도 예쁜꽃을 나누어야 겠다

흐르는가

잔설 차가운 날
숲에서 일하는 소리 탁 타르르
딱다구리 정교하고 멋진 집 지어 살림 차리고
꾸륵 꾸르륵 산비둘기 노래속으로
바람이 지나가면 푸드덩 장끼 날아 오르죠

매화가 잠이 깨자
소녀같은 진달래 하늘하늘
화사한 능수 벚 우아한 자태
비단옷 차려입은 할미꽃 기품이 흐르는데

영혼의 닻을 내려놓고
높은 하늘 짙어가는 산 바라보는 일상이 행복이네요

산새들 머물다 가는 나무 가득한 뜨락

삶의 방향이 있고 가야 할 목적이 있기에

영혼 깊이 울리는 이상을 꿈꾸는 나의 쉼터

4부

머물다 가도 좋을 정원

대둔산 자락

돗대봉에서 내려다 보면
포란처럼 아늑한 마을
꽃샘바람 불어와도
따스함이 가득하다

날마다 시간마다
새로운 하늘빛에 감탄하며
햇살 손 잡고 바람과 이야기 하며 숲길을 걷는다

지난날의 상처는
삶의 무늬가 되었다고
온몸 흔들며 맑은 공기 즐기는 산책 길
별을 누리며 바라보니 노을도 곱네

달빛 타고 내려오는 별빛이 꿈결같은 계절

맑은 날에

차 한잔 내려놓고
천상의 비밀 통로를 열어본다
자욱한 안개 부드러운 입맞춤 노니는 산자락
간지러운 햇살 품고 바람은 어디로 가나
새털구름* 한가로이 가는 길목에
내 마음 여울목에 씻기며 간다

* 새털구름 : 가장 높이 있는 구름

나와 보세요

아직은 춥다고 움츠리는데
윙윙 작은벌 한마리 산책 나왔어요
햇살 품고 쉬던 구름 바람 따라 내려오고
산수유 수줍게 웃어주니 호랑나비 흔들흔들

나와보세요
눈이 시리게 터지는 새싹들
볕이 따사롭고 사랑스러워요
매화는 하늘하늘 춤을 추고요
호기심 한가득 여린잎들 기웃기웃
풀을 뽑아 올리면 상큼한 땅속 향 따라나와
다소곳 물들이네요 설레이는 여심에

당신을 사랑해요

정원의 풀을 뽑으며
꽃들에게 말했어요
너희들 정말 예쁘다

당신 보시기에
나도 이리 어여뻐
내 속의 잡풀을 뽑으셨나요

당신께 가는 길목
사랑이라는 막대기와
삶이라는 채찍으로
여기 웃음도 내리셨네요

비 개인 하늘

병풍처럼 둘러 앉은 산줄기
세월의 발자국이 새겨진
꿈을 꾸던 그림 같은 터전
산새들 집을 짓는 맑은 여기에
내게도 허락된 포근한 둥지
꿈결 같은 빗소리에 잠이 들고
비 개인 하늘에 뜨던 무지개
도란도란 수다 햇볕에 널어 놓고
깊어지는 계절을 쉬고 있지요

봄꽃

꽃분홍 편지들이
나폴 나폴
화사한 나비 춤이다

웃음 가득한 연서에
흔들리던 바람도
곱게 물이 들었다

따스한 마음
이런 날은
나도 꽃으로 피어 꿈을 품는다

달빛 춤추는

잠결에
컹컹 가라와 사대*의 즐거운 소리
잠긴 문 빗장 열고 나가보니
나뭇잎에 별들이 내려 앉은 신비로운 풍경이다

모두 잠든 세상 나뭇잎이 소곤대고
길 찾으랴 밝혀둔 달빛 눈부신데
별빛 까르르 춤추는 무희가 되고

한밤중 산골 축제
평화롭고
아름답다 밤의 황홀함

오묘함에 꽃잎 열리고
깊이 숨겨진 천상의 달밤
뭉게뭉게 떠다니는 안개 꽃송이

* 가라와 사대 : 사냥개 암수한 쌍

향기에 취하다

앞산에 안개 흩어 놓고
신선들이 노닐 때

아이리스 단아하게 피어나
나비 춤추듯 마당에 내려 앉은 날
케나다로 시집간 딸이 오듯
어여쁜 지영이 꽃이 되어 찾아왔어요

보라수국 함박 웃음꽃으로 피어나고
아카시아 향이 달달하게 내려와 좋은 날
이름만 불러도 싱그러운 체온으로
세월의 쪽문 열고 꽃인듯 딸인듯 왔네요

흐르는 구름아

햇살 펴지면
양지쪽 할미꽃 나들이 행렬
몽롱한 구름
한웅큼 한웅큼 수국꽃 속살 그려넣고

통창으로 지나려던 아기새
퍽 하는 소리
길 막아 미안해 미안해
보드라운 솜털 안고 물 먹여주면 비척비척

잎이 무성해지는 머루나무 심었어요
쑥쑥 자라 앙증맞은 열매 까맣게 익어가고
재잘재잘 새들의 놀이터 머루알 먹는 모습
뿌듯하고 흐뭇했어요

여유로운 기지개

소나무 한가로이 하늘하늘
새들이 노래하는 아늑한 한나절

채 자라지 않은 시어들 뜀박질 치면
덜 익은 토마토 고추랑 겨루기 하는 시간

노랑 초롱불 앞세우고
초록으로 단장한 오이 호박
두근대며 눈짓하는 호젓한 앞 뜰

얽히고 설킨 삶
은은한 더덕 향취 스며들면
순백의 도라지꽃
태고적 바람 품고 기지개 켜다
꿈을 따는 한가로움이여

머물다 가도 좋을 정원

솔바람 정원에
달리던 젊음 내려 놓고
시선 머무는 곳마다
꽃들이 웃음을 부르는
이곳에, 뿌리 내려 풍요를 누립니다

산새들 머물다 가는 나무 가득한 뜨락
삶의 방향이 있고 가야 할 목적이 있기에
영혼 깊이 울리는 이상을 꿈꾸는 나의 쉼터

햇빛 꽁무니에 매달려 가로등 불빛이 오고
별빛 선명해 질때 가슴 속 별을 꺼내면
달빛은 저만큼 올라 지긋이 바라보네요

꿈같이 바람 맑은 이곳에 나를 내려 놓습니다

꿈에 꿈을 더한

칠월에는
부자꽃 능소화가 피어나고
샤인머스켓 머루알이 다갈다갈 즐거웁다

작은 둥지 정원에
수런수런 들려오는 익어가는 사연들
꽃사연 실어 나르는 돛단배에 행복이 만선이다

탐스러운 수국도 하얀 꽃무리 옥잠화도
잎새 하나마다 희열이 각인 되어
삶의 걸음마다 감사로 다듬어 새겨 지고
산과 골짜기가 있어 하늘에서 내리는
비를 흡수하는 땅이라 늘 꽃이 만발하는 곳이다

일상

장마 때문에 들여다 보지 못한 울타리에
나무를 타고 오르던 오이 파랗게 노랗게 달려있다
길다랗고 통통한 노각 껍질 벗겨 속 파내고
볶은 소금에 절여 보들도들 부드러워 지면
빨강 고추 몇개 따고 풀이랑 함께 자란 부추 베어
장독대에 가득한 갈치속젓이랑 버무린다

바둥대지 않아도 너무너무 많이 주는 텃 밭
소쿠리 들고 나서면 먹거리가 지천이다
많은거 필요없는 세상 많이 쟁여 놓으려고
세월을 도둑맞고 하얗게 서리가 내렸다

이룰 수 없는 상사화 사랑처럼 젊음은 가도
침착하게 올라와 순백의 꽃을 피우는 옥잠화
깨끗한 마음 보내주는 백합처럼 향기 짙은 세월이네

백일홍

비록
아무소리 들리지 않아도
색색으로 고고하게 흔들리며
즐거웠던 이야기 바람결에 묻어온다

사람의 인연은
하늘이 내려준 고귀한 선물
멀리 있어도
높은 사랑에 잇닿아 있어
꿋꿋이 일어서는 소식이 꽃을 피우나 보다
노을보다 더 고운 사랑
너를 그리워 하며 꽃밭에 서 있다

꽃말
빨강 : 인연 그리움
노랑 : 사랑하는 사람 잊지 않겠다는 다짐
흰색 : 선한 마음과 순결
주황 : 헌신

달빛에 떨어지는 꽃잎을 보며

엄마 품에서 산 냄새 나
그러니
너희 웃음은 행복 냄새가 나서 더 좋다

눈 감으면
비몽사몽 만져지고
눈 뜨면 아지랑이처럼 사라지더라

가슴 가득 차오르는 그리움
차마 말 못하는 것은
지구 한바퀴 돌아야 너 있는 땅

그곳에서
산 내음 만들고 있기에
달빛에 떨어지는 꽃잎을 보며 너를 그린다

뻐꾸기 여인

물가에 앉아 바람을 즐기는데
우아한 여인이 다가왔다
원피스 밑으로 두 다리가 새까만 숯이다
깜짝 놀라 일어서니 조용히 다가와
스카프를 벗어 내리니
얼굴까지 온 몸이 다 타버린 숯이다

슬픈 눈동자에 눈물이 주르륵
새들의 지저귀는 소리마저 처량하다

전쟁에 나간 남편 전사통지서 받던 날
양식위해 남의집 여물 썰다 잘려나간 손가락보다
더 붉은 피눈물 흘리며 자식과 살아내려
스물 한살 여인 일자리를 찾아 나섰다

보호막 되겠다는 남자 만나 아들딸 낳아 기르며
두고 온 자식 보고파 날마다 숨죽여 울었다는
그 심정
아무도 모를 거라며 늙으면 너희랑 살자더니
속으로 곪아버려 깊이 숨은 숨소리

그 길 얼마나 타오르는 불길이었기에
그렇게 온 몸이 까만 숯이 되었나요
목메이게 울다가는 뻐꾸기 여인

구월산 오래된 책

국방부 책에 기록된 스물 넷 청년의 사연
정찰중 열 두명 전원 포에 맞아 수장 되었다는 기록
원호청 {현 보훈처}으로 각종 기록을 들고 시아버지
찾아 다니다 안타까움 담은 편지 청화대로 보냈다

김영삼 시대 비서실에서 전해온 소식
국방부 소관이라 육군본부 군수참모부에서
소식이 올거라 했다 삼년을 찾았는데 한달만의 기별
서울 현충원 지하 검은 석판 빼곡한 기록에서
찾아낸 이름 석자에 온 몸이 떨렸지

큰집에 알렸더니 떨떠름하게 알고 있었다네
할머니 앞으로 나오는 연금 조카가 받아가고 있었어
목숨값 받아 양식하고 학비에 보탰다 하기에
부모 앞서 죽은 불효자라며 자식낳고 밥 한톨 먹이지 않고
자기들 힘들게 했다더니 살아있는 아들들이 부모 섬겨야지
죽은 자식이 섬기냐고 우리 애들 연필 한자루 쌀 한되 주었냐고
결혼 시켜 주었으니 오지 말라더니 할아버지 재산 다 가져가 놓고
할머니 돌아가셨는데 왜 조카인 당신이 연금 가져 가느냐고
인연을 끊어 버렸어

전쟁 고아로 살아온 사람들 고생 많았지
그늘 되어주는 부모 있는 집 부러워 했어
보훈처에서 공공시설 무료 입장 세월호 희생자보다
낮은 연금 받아도 나라위한 희생 자랑스러워
문패에 세겨 놓았지 국가유공자의 집 고 임승용

사랑한다

아기때부터
귀여운 몸짓에 행복했어
어느새 대학생 되어 보호받던 둥지 떠나
새로운 길 열고 있구나
너의 눈에 무엇이 보일지
누구를 만나고 어떤 세상을 바라볼지
문을 열 때 언제나 먼저 묻고 생각하고
옳은 답 찾아 낼거야

너희 가족이 캐나다로 떠나던 날 너무도 추웠다
문 밖에 나가면 눈물이 쏟아질거 같아
아파트 안에서 만가지 생각에 흔들렸다
헤어진다는 그 쓸쓸함 그래도 더 넓은 길 열었고
하늘 아버지 보호권 아래 있으니 다행이다

건강하게 지내는 모습
언제나 소식 전하던 그 마음
지구 나들이 이만하면 성공이다
무엇이라 이름표 달고 웃을지
신실하게 써 내려가는 변화들

온타리아 주 워털루 대학생활 축하해

현충원 지하에서 할아버지 아버지 이야기 들으며
엄마도 아빠도 없어 어떻게 살았냐고 부둥켜 안고 울던 어린 너
두 나라를 위한 너의 의로운 기초
증조부의 숭고한 정신이 이어지기를

한나절 지나

아직 석양빛이 남았다는 생각인지
어려서부터 일하던 습관인지
돕는 역활의 배우가 되고 싶은건지

나는 내가 치매가 걸릴까 가끔 무서워
놀고 있으면 날 가는것도 모르겠고
기념일도 까무룩 잊고
뼈도 굳는거 같고 그래서 요양사 일 하니까
알람 시간에 일어나고 사는 보람이 있어

어매는 항상 심심하다
그 목소리 들리는거 같아서
남의 엄마 만나면 부모에게 찾아가지 못했던
빚 탕감받는 가벼움을 느껴

누리며 사는 풍요가 너무 고마워서
내가 할 수 있는 천상의 일터라는 생각이 들어
먹을거 넉넉히 준비해서 반찬을 덜어 담으면 부자같아
혼자 밥먹기 싫다는 쓸쓸한 노인 한끼라도 밥친구 하려고

내거만 채우려면 사는게 힘들어
남의 외로움 덜어주면 행복해지는 거
호스피스 봉사하면서 배웠어
일할 기회가 주어져서 삶의 질이 높아져
그래서 노을이 아까워

손톱 밑에

눈동자 잡풀 찾아 떠돌고
엉덩이 골반뼈 굳어져 허리가 둥그레 접히고
다리 골절은 뻣뻣하게 굳어 살살 달래 주어야
피가 통하여 일어서게 하듯

폐부의 움직임 숨소리 멈추지 않고는
흐르는 시어 잡을 수 없어
두근대는 심장에 호수 하나 들여 와
하늘 구름 명강의 듣지 않고는 만날 수 없어

손톱 밑에 때가 끼면 잔디마당 깨끗해지고
하나의 작품 만나기까지 머릿속 텅 비우지 않고는
숨소리 같은 한송이 꽃 피울 수 없어라

<평설>

사물의 서정성과 내재적 관조의 시학

- 이향순 시인의 제2시집의 특성

이정희
(문학박사·한국펜한국본부자문위원)

〈평설〉

사물의 서정성과 내재적 관조의 시학

- 이향순 시인의 제2시집의 특성

이정희

(문학박사·한국펜한국본부자문위원)

1

지난 세기에 겪은 양차대전은 정신적 변화는 물론 물질적 변화로 인하여 인간에게 큰 변동의 계기를 주었다. 특히 전쟁의 참혹한 파괴로 인하여 앵그리영맨이나 비트와 같은 허무와 공포가 인간에게 새로운 삶의 방향을 제시해 주었다. 따라서 문학에도 종래의 고전적 낭만주의나 서정성에서 탈피하여 새로운 표현의 방식을 추구하였다. 그리하여 실존주의 철학에 깊은 영향을 받아 20세기 중반에 반향을 일으킨 New criticism은 시를 대하는 태도에 큰 변화를 가져왔다. 뿐만 아니라 실존주의에 매료된 작가들의 표현방식에도 변화의 소용돌이에 매료되었다. 따라서 아리스토텔레스의 "시학"에서 지적한것처럼 시에서 취급하는 매체는 율동(rhythm)과 언어와 선율(tune)인데 이 세가지에 공통적인 것은 시간적 계기로서 공간적 여유를 점유하는 회화나 조각과 대립한다고 할 것이다.

그리고 패션과 건축에서 시작된 포스트모던이즘이 인간의 삶의 모든 분야에 영향을 미치게 됨으로서 문학에도 엄청난 변화를 초래하였다. 따라서 시詩에서 중요시 해 온 운율이나 메타포에도 새로운 형태의 시도가 범람하게 되었고 심지어 산문 형태의 시도 등장하여 새로운 바람을 일으키기도 한다. 이와같이 문화와 물질의 다각적 변화에서 시인들이 괴뇌하는 영역이 다르고 윤리적 종교적 신념의 차이에서 오는 충격이 크다 할 것이다. '시와 산문을 구별하는 것은 운율의 유무가 아니라 모방의 유무에 있다고 한다'. 따라서 자연이나 인물에 대한 묘사는 운율이 없더라도 시로 인정할 수 있다. 그러나 어떤 학자가 그의 사상을 운문으로 썼다 할지라도 시로 인정할 수 없다.

포스트모던이즘이 과거의 질서와 풍속에 급격하게 변화와 영향을 주고 있기 때문에 종교는 물론 도덕과 윤리에도 과거와 확연히 다른 양식을 주고 있다. 따라서 급격한 변화에 대하여 일반 대중은 물론 시인들까지 혼돈의 늪에 빠져 있다. 사회질서는 물론 사상과 가치관의 변화를 극복하기 위하여 시인들의 노력이 필요하다. 새로운 패러다임의 문화에 적응해야 할 뿐만 아니라 앞으로 도래할 또 다른 형태의 변화에 대비해야 하는 오늘의 시인들에게 무거운 책임도 있다 할 것이다.

2

한 시인의 작품세계를 이해하기 위해서 그 시인이 살아 온 삶의 궤적을 살펴보는 것은 중요한 의미가 있다. 시인은 전북 군산에서 태어나 일찍이 대전에서 살았다. 지금은 논산시에 있는 수락계곡의 전원주택에 살고 있다. 경관이 수려하기로 알려진 대둔산 자락에 조성된 전원주택 단지에 잘 가꾸어 진 정원에 아담한 주택에 살면서 산과 숲과 산새 지저귀는 소리와 바람소리를 벗하며 살고 있다.

그리고 시인은 독실한 기독교인으로 하나님의 가르침에 따라 기도하는 자세로 감사하는 생활을 하고 있다. 그는 베델성서신학대학원을 수료하고 보육원에서 설교봉사를 함은 물론 대학병원에서 호스피스로 봉사해 왔다. 그러는 동안 2009년에 서정문학에서 신인상을 받아 문단에 데뷔하여 2013년에 첫시집 『당신이 좋습니다』를 상재하여 주변의 관심을 받았다. 그리고 10여 년이 지나 80여편의 시를 모아 제2시집을 상재하게 되었으니 다작은 아니지만 꾸준히 시의 세계를 넓혀가려는 노력을 하고 있다. 문학활동으로 문학동인회 '전원에서' 회원으로 매달마다 시를 발표하고 있다. 그리고 문학적 교류를 확대하기 위하여 국제PEN에서 활동하면서 그의 시를 심화시키고 있다. 신앙심이 두터운 시인은 사랑과 봉사정신으로 생활하기 때문에 그의 작품세계도 세속적 범주에서 기독교적인 서정을 내포하고 있다.

그는 치열한 노력으로 가정을 지켜 왔으며 오늘이 있기까지 친화적 유대를 소중하게 간직해 왔다. 자신을 내 세우기 전에 상대의 인격을 존중해 왔으며 항상 온유한 사랑의 그늘을 만들었다. 그러한 그의 삶의 내면에서 울려오는 소리를 시의 언어로 조직하면서 조용한 처소에서 사유와 함께 고뇌하면서 살고 있다.

3

시인은 실제로 일어난 일이나 체험에서 얻은 사실을 말하는 것이 아니다. 일어날지도 모르는 일들에 대하여 개연성이나 필연의 법칙에 따라 기능적인 것을 말하는 것이라고 아리스토텔레스가 지적한 바와 같이 시는 보편적인 것을 말하는 경향에 따라 보편성이 함축돼 있다. 따라서 그의 시에서 주변의 사물과 자연이 주제로 선정되고 있지만 때로는 관념의 세계를 택하여 자신의 사상을 표출시키고 있다. 치열한 삶의 질곡속에서 인간에 대한 소망을 펼치고 있다. 그의 시에서 삶에 대한 자신의 태도를 보여주는 대표적 시를 만나게 되었다.

그러니까
나만의 느낌으로 말하는 거예요
목마른 간절함 애틋한 미안함
기품있게 간직하고 싶은 순간들
바람이 그려놓은 선율위에
꽃피고 단풍 들 때
말하고 먹고 걸을 수 있는 외줄에
같이 있다는 거
잠시 멀물다 가는 길
마음 녹아 내리는 눈물 남기지 않으리
하늘도 땅도 바람같은 꿈도
훨 훨 훨

-「잠시만요」 전문

위에서 보는 시에서 시인은 삶과 죽음에 대하여 초월적 자세를 취한다. 대학병원 호스피스 병동에서 봉사를 하면서 숫하게 보아온 생명에 대한 애증이다. 사람은 누구나 인간답게 살아갈 권리가 있고 또 행복을 누리며 살고자 하는 소망이 있다. 그러나 결국 저 멀리 돌아올 수 없는 피안의 세계로 떠나는 것이 인간이기에 그 길을 담담하게 받아 들이고 삶과 죽음이 다르지 않음을 깨닫고 있는지도 모른다. 인간은 이 세상에서 어느 땅을 잠시 빌려 머물다가 떠나는 것으로 이별의 슬픔을 승화시키고 있다. 그는 하나님을 믿음으로써 우주만물을 사랑할 줄 아는 신앙심이 굳어져 있다.

생각은 날아다니고
말들이 가시로 서 있다

들려오는 음성
혀는 칼이다

오늘
얼마나 휘둘렀나
무섭다

내 말을 내려놓고
존중의 마음을 담은
품격있는 입술이 되고싶다

-「잠들기 전에」 전문

인용한 "잠들기 전에"에서 사람은 누구나 아침이 되면 잠에서 깨어나 밥을 먹고 일을 하고 사람들을 만나고 그러면서 살아간다. 살다보면 말을 하게 마련이다. 머릿속에 있는 사상을 정리하지 않고 무심코 입에서 튀어 나온 말들이 상대방의 마음을 다치게 하는 경우가 많다. 그렇기 때문에 혀는 사람을 해치는 무기가 되기도 하지만 역설적으로 입에서 흘러나온 말이 다른 사람에게 감동을 주기도 하는 마력을 지녔다. 따라서 시인은 품격있는 언어로 타인에게 행복을 주고 싶어한다. 하루를 끝내고 잠들기 전에 오늘은 누구에게 섭섭한 말을 하지 않았을까 하고 돌아보고 반성하면서 기도하는 신념이 돋보인다.

밭뙈기 넘겨준 값으로
꽃같은 열여섯 새색시 펄펄 눈길을 건네

조부모 중풍 수발에 하얀 박꽃이 지고
시부모 서릿발에 가슴 베이던 세월 값
시동생 시누이 출가시켜 살점 떼어주고

달빛 등불삼아 손끝으로 모은재산
자식들 상 차려주고 나니
깨지고 금간 몸 땜질해 봐도 바삭바삭

썩어질 밑둥에 쌓아둔 논배미
갈갈이 찢기어 흩어지는 헛개비
가벼히 길 떠나고 있네 구름되려 가고있네

-「꽃가마」 전문

어찌보면 못살던 시절의 우리네 옛 살림이다. 봉천답을 받고 아직도 응석을 부려야 할 나이게 시집을 간다. 시집을 가서 시조부모를 간병하고 시부모를 모시는 뼈저린 고생을 운명으로 받아들이며 살았다. 한때 미국으로 입양을 많이 보냈다. 그런데 사내아이보다는 계집아이를 선호했다. 선진국으로 가서 잘 크고 잘 살겠거니 생각하지만 어느정도 성장을 하면 양부모는 입양아를 하녀처럼 부려먹는 야만을 자행했다. 부모로 알고 자란 딸들은 그것이 천행인것처럼 받아들이며 살아야 했다. 그처럼 어려서 시집을 온 소녀가 아낙네가 되어 마치 부모이듯이 시동생 시누이 시집 장가 보내려면 땅 팔고 소 팔아 세간도 마련해 주었으니 마음인들 몸인들 성했을 리가 없다. 그러다보니 내자식들을 양육해야 하는 삶의 여정에 얻은 것은 병마일뿐이다. 인생이란 그렇게 살다가 허무하게 늙어가는 것이다. 시인은 그런 삶의 애환을 담담하게 묘사하고 있다.

누이의 부탁으로 처음 만났을 때

치료 끝나면
인생의 꽃을 다시 피워보겠다며
초기에 암이 발견된 것이 다행이라고

유창한 말솜씨로 세계를 넘나들며
치료과정을 즐기며 자신만만 했었다

일년만에
초췌한 모습으로 다시 입원한 환자

미국에서 전화한 누이의 부탁도 외면한 체
마음대로 먹고 흔들었다고
허허로운 웃음으로 돌아누워 떨고 있다
쌓인게 많은 가족
외눈으로 감정을 표출하고 차거운 바람 메친다
젊음을 허비하다 꺾이운 가지 하나
그렁그렁 맺힌 눈물 누이의 그림자로 흔들린다

-「젊은남자」 전문

여기서 인용한 시에서도 그는 호스피스로 봉사하면서 느낀 감정을 냉정하게 그려내고 있다. 늙어서 얻은 병이야 년륜탓이려니 하지만 꿈 많은 젊은이가 죽음을 앞에 두고 있는 현실은 절망적이다. 인생이란 한 번 가면 되돌릴 수 없는 것으로 초기에 규칙적이지 않고 방종하는 생활은 삶을 비극으로 끝나고 만다. 이것처럼 시인은 병에 비유하여 삶에 대한 절제된 방식에 따라 살아야 한다고 항변하고 있다. 생명이 건재하고 생활이 건전해야 함을 암시하고 있다. 종교적이거나 철학적 이성에 따라 삶을 영위해야 한다고 호소한다.

암 진단을 받고
병상에 꼼짝없이 묶인채
질문하고 항변하며 긴 밤이었습니다

거칠었던 삶이 겨우 촉촉해 졌는데
애써 찾은 보금자리에 불쑥 솟아난 벽

깊은뜻 헤아리지 못하여 잠잠히 기다립니다

마취에서 깨어나니 장을 잘라냈다고
의지로 움직이지 못하는 육체의 초라함

신이시여
담금질 하시나요 어찌 사용하시려구요

청년 아들에게 무거운 몸을 맡긴채
기약할 수 없는 생의 주인에게 묻습니다

보였습니다 꿈속에서 선명한 글이
특별하면서 소중한 여행이라기에

안주하려던 교만 꺽어내고
조용히 높은 뜻 바라보려구요
석양빛 사용할 시간 있을까요

-「좌표를 잊지 말라고」 전문

이 시는 시인 자신이 체험한 아픔이다. 암 진단을 받고 대장을 절제해야 하는 수술을 받으면서 몸은 의사에게 맡겨졌지만 신에게 절망적인 호소를 한다. 더 잘 살 수 있도록 신은 시험을 하느것이냐고 항변한다. 암이라는 무서운 병도 인생이라는 긴 여행에서 만날 수 있는 체험이기에 편안한 여행보다 힘들고 험한 여행이 더 값진 것이라고 간주한다. 그러나 암에 걸린 환자에게 남은 삶의 여백을 채워갈 수 있을지 동경의 눈으로 쳐다본다. 그러면서 스스로 삶의 좌표를 잊지 말라고 속삭인다.

공부는 하고싶고 사정은 막막하여
봉숭아 꽃이 풍풍 터지게 울었지

친구와 다투다
정다움 잃어버릴까 두려워
말려줄 사람 보이기만 해도 흐르던 눈물

사는거 까마득하여 내면으로 흐르던 진액
목마른 그때 참 좋은 생수가 눈물이였더라
소설같은 인생사 흐르다 흐르다 폭포가 되도록 울어라

-「울어라 살기 위해」 전문

오래전 옛날에는 학교에 가고 싶어도 가정 형편이 어려워 학교에 다니지 못하는 경우가 흔했다. 학교에 다니는 이웃 친구가 부럽고 가난을 원망하기 일쑤였다. 봉숭아가 익어 씨가 영글어 터질 때 지축을 흔드는 변화처럼 온통 아픔이 겹쳐서 온다. 그렇게 학교가 가고 싶은 세월도 지나고 나면 그것조차도 인생의 한 부분에 지나지 않는다. 그리고 살다보면 때로는 친구와 다투게되는 경우가 더러는 있게 마련이다. 그러나 자존심과 오기 때문에 지고 싶지 않아 고집을 부리지만 다툼을 말려줄 사람이 나타나면 싸움은 끝이 난다. 그럴 경우에도 시인은 친구를 잃을까 배려를 한다. 그래서 삶은 각본없는 연극이라 하는지도 모른다.

수없이 부르고 부르던 엄마
거친 호흡 멀어지던 숨결 아쉬워 부르던 이름
목마른 갈증에 그리움마저 아련히 젖어들고

동살 들어와 어루만지듯 흔들어도
깊은 나락으로 내려가는 감정 천륜의 인연
내 혼의 탯줄이 끊어지나보다

뭉개진 허물속에 가시 되었던 투정도
파르르 떨리는 꽃으로 피워두고
삶의 흔적 붉은 노을속으로 스미고 있네

-「아직은」 전문

이 시에서 보는바와 같이 어머니는 오직 한분뿐이다. 그래서 천륜이라 했던가. 밖에 나갔다가 집에 돌아와 제일 먼저 찾는 것이 엄마 또는 어머니다. 어머니가 나와 어서 오느라 하면서 맞아주면 외출의 피로가 다 사라진다. 그러나 집에 엄마가 없으면 어딘지 허전하고 밀려오는 피로는 곱이 된다. 어머니가 돌아가실 때의 슬픔이 항상 남아 있다면 삶을 유지하기 힘들만큼 괴롭다. 그렇게 혼의 탯줄이 끊어질 듯 아픔은 남는다. 어머니는 자식들의 어떤 투정도 다 받아준다. 어머니를 아프게 한 투정도 노을속의 붉은 흔적뿐일 때 이미 세월을 건너 더 이상 부를 수 없는 대상이 된 어머니에 대한 그리움도 아픔일 수 있다.

병풍처럼 둘러앉은 산줄기
세월의 발자국으로 새겨

젊은날 꿈을 꾸던 그림같은 터전
산새들이 집을 지은 맑은 여기에
내게도 허락된 포근한 둥지
꿈결같은 빗소리에 잠이들고
비 개인 하늘에 뜨던 무지개
도란도란 수다 햇볕에 널어 놓고
깊어지는 계절을 쉬고 있지요

-「비 개인 하늘」 전문

사람들은 누구나 자신의 둥지라 일컫는 안식처를 희망한다. 그 안식처가 도시의 어느 아파트일 수도 있고 농촌 마을일 수도 있다. 그런데 시인은 경치가 수려하기로 이름 난 대둔산 자락의 수락계곡에 둥지를 틀었다. 그곳은 한 때 산짐승이 넘나들고 산새들이 쉬어가는 오지였다. 그러나 지금은 상하수도가 잘 갖추어진 전원마을이다. 어찌보면 절간처럼 고요하다고나 할까 적막할 듯 싶은 그곳은 옆으로 계곡에서 흘러내리는 냇물이 있고 사철 양지바른 곳에 안식처를 꾸렸다.

물론 담장이나 울타리도 없이 온통 잔디와 정원수가 아름다운 단란한 주택이다. 일년 사계절 내내 꽃이 피고 새들이 노래하는 그림같은 안식처를 이루었다. 공기가 맑고 숲의 그윽한 향기를 벗하여 시인은 햇볕과 대화를 한다. 때로는 벌과 나비와 함께 시심을 키우는 그곳은 누구도 부러울 수 없는 보금자리다. 그래서 누가 방문하기를 기다리는 여유를 가지고 방문객과 차를 마시며 시를 읽는 시간은 더욱 소중한 일상이다. 풍요롭지 않다 할지라도 벌 나비가 날아들고 바람과 햇볕이 있는한 넉넉하게 꿈을 꾸는 시인은 행복하다.

하늘의 별 훔치려다
영안이 열러 우주를 넘나든다
목마름은
허무속에 갇힌 비명이어라
만족없는 공간 무너지는 가슴은 바람이 되어도
수많은 감격들 차곡이 접어 빗장지른 감사이다
어제를 벗고 오늘을 입으면
외로움에 젖은 심령 빛을 찾는다
묵시의 가르침
심연 깊은 만남 본향집 거기 있기에
벗은 몸이 되어도 부끄러움 없어라

-「삶이란」 전문

그는 이제 성숙해가는 시인의 삶으로 들어섰다. 신앙적 가르침이 우주를 넘나드는 영안을 바탕으로 세상을 꿰 뚫어보는 지혜를 모색하고 있다. 인간이기에 만족이란 있을 수 없는 소망이지만 시인은 그저 감사할 줄 아는 삶의 중심에 있다. 에덴동산에서 아담과 하와가 벗은 몸으로 살면서도 부끄러움을 모르고 있듯이 한 점 부끄러움이 없는 삶을 소망하는 그는 더욱 기도하는 나날의 일상을 즐기고 있다.

어제는 이미 과거이고 내일은 미래다. 가보지 않은 미래를 꿈꾸며 영혼의 안락을 위하여 기도하는 시인은 신비롭다. 어제의 아픈 경험이나 오늘의 행복이 내일도 지속되리라는 보장이 없다. 오직 영생을 바라는 기도만이 기다릴뿐이다.

4

지금까지 이향순 시인의 시세계에서 주로 심리적 영적인 소재가 있는 작품을 살펴보았다. 그는 '달맞이 꽃' '상사화' '백일홍' '흐르는 구름아' 같은 서정성 있는 자연에 대한 애착을 보이고 있다. 한편 '생각' '작은 꿈은' '편지' '친구야' 등 관조의 세계에 대한 내재적 특성을 보이기도 한다.

금세기는 시대적 사조의 변화에 따라 윤리와 도덕의 경계가 허물어지고 도저히 이해하기 어려운 상황이 전개되고 있다. 그런가 하면 지난 세기의 상식으로는 납득하기 어려운 일들이 넘쳐나고 있다. 이런 시기에 이 시인의 시를 쓰는 태도는 종교적 실존에 대한 삶의 성찰이라 할 수 있다. 이와같은 태도는 관념적이고 신앙적 문학관이라 볼 수 있다. 그렇기 때문에 어느 한편으로는 편향적일 수도 있지만 이 시인이 줄기차게 믿고 지켜온 신앙에 대한 고집은 독자들에게 강요할 수 없는 신비감을 준다. 비교적 늦게 시를 쓰기 시작하여 이제 두 번째 시집을 상재하고 있지만 그의 경험과 신앙은 기성작가의 범위를 초월할 수 있으리라 믿는다. 한가지 사족으로 첨부하고 싶다면 작시와 시론에 대한 이론적 배경을 더 다지기를 권유한다. 그리고 어휘의 동원에도 좀 더 요긴한 단어를 고르라고 하고 싶다.